Meine gesammelten lyrischen Werke und Gedichte

23.05.15

AF219985

Liebes Lyrikbuch,

immer wenn ich Reime fühl ich mich ERLÖST, lege den Schmerz aus meiner Seele ab und bin ENTBLÖST. Pure Trauer die aus meinem Stift FLIEST. Fühl mich MIEß, einfach zum KOTZEN.
Es bringt nichts zu jammern und zu MOTZEN. Führe ein trauriges Leben, wünschte ich wär nie GEBOREN. Dann hätt ich nicht diese SORGEN, die mich

PLAGEN. Ich fühl mich
gepeinigt und
ERSCHLAGEN. Will einfach
schreien vor Ärger, Wut und
HASS. Mein Leben ist einfach
viel zu
KRASS. Will wie Brave Heart
nach Freiheit SCHREIEN. Mich
von dieser Pein BEFREIEN.

25.05.15

Hallo Lyrikbuch,

meine Wunden sind
GENESEN. Habe ein geheiltes
WESEN. Schreiben und Sport
sind meine
größten HILFEN. Habe an
meiner Reimtechnik
GESCHLIFFEN. Ich investiere
in diese ,Sache
Zeit, Arbeit und SCHWEIß. Will
dafür auch irgendwann mal ein

PREIS. Denn Coskun brennt und
ist HEIß. Ich schau aus dem
Fenster alles ist GRAU. Das
Leben ist ein Film, eine riesen
große
SCHAU. Jeder spielt seine
ROLLE. Will Geldscheine, die
wiegen eine TONNE. Ich
schmeiß meine Sorgen und
Kummer in eine TONNE. Hab
die Schnauze voll von
sinnlosem GEREDE. Hab die
Schnauze voll von sinnloser
FEHDE. Es wird Zeit das ich
Geld VERDIENE. Habe
Raritäten auf meiner VITRINE.

27.05.15

Liebes Lyrikbuch,

auch wenn Leute komisch
wirken, könnten sie dennoch
meine Freude SEIN. Ich könnte
mit
ihnen Glück, Liebe, Freude
aber auch Leid TEILEN. Ich
steck in der KLEMME. Brauche
Moneten und davon eine
MENGE. Will mein Konsum
FINANZIEREN. Will sparsam
und
bescheiden Leben. Und nicht
nach Konsum GIEREN. Wenn
ich nicht arbeite, bin ich ein
lebender TOTER. Lieber
Arbeiten wie eine ,Maschine,
wie ein ROBOTER. Alles was
ich habe ist
ein Stift und ein BLOCK. Würde
mich gerne in einen anderen
Planeten Beamen wie MR.
SPOCK. Coskun wird dich
begeistern und SCHOCKEN.

Bald wird er auf der Bühne eine riesen Crowd ROCKEN.

28.05.15

Liebes Lyrikbuch,

ich werde meine Gedichte, Oden und Lyrik, schnell und rhythmisch SINGEN. ‚Bis sie in abgelegensten Orten ERKLINGEN. Möchte die Leute mit meiner Kunst UNTERHALTEN. Bin intelligent, das beweist mein VERHALTEN. Ich trainiere meine Lyrik und bekomm somit immer
mehr SELBSTVERTRAUEN. Auf dieses Selbstvertrauen werde ich meine Zukunft AUFBAUEN.
Ich strotz vor Energie, Power und KRAFT. Um runter zu

kommen trink ich einen O-
SAFT.

29.05.15

Liebes Lyrikbuch,

ich flieg wie ein Adler, der König
der LÜFTE. Schieß meine
Reime immer locker aus der
HÜFTE.
Bin wie ein Löwe, König der
TIERE, verbreite meine Kunst
wie SATIRE. Ich bin voller Mut
und
TATENDRANG. Meine Stimme
hat einen schönen KLANG. Bin
BEGEISTERT voller Energie
und LEBENSKRAFT, habe
mein Text GEMEISTERT und
es GESCHAFT. Voller POWER
zerschmettere ich die MAUER.
Die mich daran hindern meine
Absichten zu ERREICHEN.
Mein

Talent und Ausdauer werden eben doch REICHEN.

30.05.15

Liebes Lyrikbuch,

mein Kopf ist leer meine Gefühle sind TAUB. Schlag eure Reime wie ein Stein zur STAUB. Mein Kern tut weh und ist VERLETZT. Mein Gehirn ist wie das Internet VERNETZT. Beschreibe neutral die GEGENWART. Bleibe stark, Standhaft und HART. Schreibe meine Gedanken auf denn ich habe ein zu volles HERZ. Schreibe meine Gefühle auf, denn sie sind voller Leid und SCHMERZ.

04.06.15

Hallo Lyrikbuch,

ich bin eine SPORTSKANONE.
Was andere von mir denken
interessiert mich nicht die
BOHNE.
Hab heute ein Freund
BESUCHT. Habe heute nicht
ein einziges Mal GEFLUCHT.
Hab ein
Ticket nach Türkei GEBUCHT.
Lebenskrisen hat wohl JEDER.
Schreibe meine Gedanken auf,
mit meiner FEDER. Bin so
motiviert, könnte den Mount
Everest BESTEIGEN. Hab
lyrisches
Talent, das kann keiner
BESTREITEN.

08.06.15

Hi Lyrikbuch,

bald habe ich ein Termin wegen einer WOHNUNG. Für all die Jahre der Abhängigkeit, ist das die BELOHNUNG. Am liebsten würde ich wegrennen alles hinter mir LASSEN. Beim Reimen bin
ich der Meister aller KLASSEN. Bevor ich eine Tat begehe bleib ich ruhig und BESONNEN.
Dann hab ich schon so gut wie GEWONNEN. Ich werde die Negativen Emotionen und Gefühle
VERARBEITEN. Und schreibe deswegen volle SEITEN. In Zeiten der Not, schreibe ich ein paar
ZEILEN, und werde somit meine Seele HEILEN. Bald werde ich in Friedrichshafen VERWEILEN.
Ich würde mein Brot auch mit Armen TEILEN. Ich werde

stetig an meiner Lyrik PFEILEN. Ich will am Meer LEBEN. Dafür würd ich einiges GEBEN. Will wie ein Falke durch die Luft SCHWEBEN. Und die Liebe meines Lebens in meinen Armen HEBEN. Mein Interesse und Neugier halten mich LEBENDIG. Habe das Schlechte in mir GEBÄNDIGT. Negative Gefühle auszuleben ist

besser als sie zu NEGIEREN. Da werde ich lieber gedanklich schreien und jemanden die fresse

POLIEREN. Jeder gebt jedem die SCHULD, dabei will jeder von jedem die HULD. Die Gnade

das Wohlwollen ist ein hohes GUT. Um Größe zu zeigen braucht es MUT. Ich spiele mit

Sprache und WORT und treibe nebenbei SPORT. Emotionale Reife erlangt man durch Liebe und VERNUNFT. Also handele bedacht und sorge dich um deine ZUKUNFT.

15.06.15

Hi Lyrikbuch,

habe so gut wie kein Besitz und EIGENTUM. Aber dagegen werde ich etwas TUN. Das heißt für mich schaffen und ARBEITEN. Mein Leben auf die Reihe bekommen und bis zu meinen
Traumzielen SCHREITEN. Bin ein KRIEGER, ein TIGER ein geborener SIEGER. Bin ein wahrhaftiger Recke keine FRAGE. Ein kriegerischer Held, wie in einer SAGE. Bin mutig, tapfer,

intelligent und GLÄNZE. Kann
Breakdance und noch andere
TÄNZE. Die Liebe verbindet
und
überwindet alle Grenzen, lässt
entwickeln und
FORTSCHREITEN. Wahrt den
Frieden und wird
konstruktiv STREITEN.

18.06.15

Hallo Lyrikbuch

Wenn ich schreibe ist es wie
MAGIE. Benütz dabei meine
FANTASIE. Die Wörter reimen
sich
wie von SELBER. Mach mein
eigenes Ding und brauch keine
HELFER. In Echtzeit fließen die

Wörter aus mir raus ohne zu ÜBERLEGEN. Im Wortgefecht werde ich jeden weg FEGEN, denn ich bin denen ÜBERLEGEN. Lass es Donnern, Blitzen und REGNEN. Das Schreiben ist für mich wahre ARBEIT. In diesem Buch steckt meine WAHRHEIT.

14.07.15

Hi Lyrikbuch,

ich chille am STRAND, lauf mit der Liebe meines Lebens Hand in HAND. Auf den Liebesweg werden wir uns Küssen und BEGEHEREN. Ich werde ihr meine Liebe zu ihr ERKLÄREN. Bin ein wahrer Lyriker und DICHTER. Beleuchte das Leben wie Flut LICHTER. Will wieder Sport TREIBEN und meine Gefühle in dir nieder

SCHREIBEN. Ich pack das Problem an der WURZEL. Und füg mein Leben zusammen wie ein PUZZEL. Schreib wie ein verrückter meine VERSE. Schreiben ist für mich das BESTE. Schlechte Reime gehören DAZU. Brat mir ein Storch oder doch lieber eine KUH. Ich verknüpf die Worte so wie es mir GEFÄLLT. Bin mein eigener SUPERHELD. Frauen sind wie Rosen mit DUFT, zwischen Arm und Reich besteht eine riesen KLUFT. Ich bin lebhaft BEGEISTERT und hab wieder mal mein Text GEMEISTERT.

28.07.15

Hallo Lyrikbuch,

der Hass der in mir ruht verarbeite ich in LYRIK, denn

ich bin Krass und VERRÜCKT.
Jeder Affe
meint mich zu KENNEN. Werde
meine Verbindungen zwischen
mir und denen TRENNEN. Sie
dissen und sie beim Namen
NENNEN. Wenn ich durch die
Straßen laufe wird mich jeder
ERKENNEN. Ich breche
REKORDE und reite bei dir ein
wie eine Pferde HORDE. Bin
frisch
geduscht, sauber und Gel in
den HAAREN. Nächste Woche
werde ich nach Friedrichshafen
FAHREN. Ich zieh von den
Eltern WEG. Das Leben was
ich führte war sowieso nur
DRECK.
Ständig allein und keine
FREUNDE. Die Seiten die ich
hier Schreibe ist meine wahre
FREUDE.

27.09.15

Hallo Lyrikbuch,

innerlicher Dreck wird sauber sobald ich in dir SCHREIBE. Ich zelebriere in meine Schrift meine MEINUNG, wie Musiker mit einer GEIGE. Wortgefechte machen Spaß, ich lass mein Hass raus
mit 280 VOLT und erschieß meine Feinde mit meinem Lyrischen COLT. Das Dichten ist meine
BUHLE und ganz sicher nicht die SCHULE. Kreativität fließt durch meine ADER. Bin der König
der Lüfte, wie ein ADLER. Bin ÜBERSCHWÄNGLICH, das Leben ist VERGÄNGLICH. Also genieß jeden AUGENBLICK. Das Leben in vollen Zügen zu genießen ist der TRICK. Skip

andere Weg wie in dem Film KLICK.

18.10.15

Hi Lyrikbuch,

der Spieler braucht LIEBE, sie zu wie ich in das Schlachtfeld ziehe und SIEGE. Schreib meine Texte im Stehen, Liegen und GEHEN. Wenn ich durch die Stadt laufe werde ich den Damen, den Kopf VERDREHEN. Auf eine Melodie zu schreiben, erlöst mich von SCHMERZEN. In dunklen Tagen bringt mir das Schreiben Licht wie KERZEN. Wenn ich mich gut oder schlecht fühle, schreib ich in dich REIN. Teile mit dir mein Glück und mein PEIN. Mach mich innerlich sauber und

REIN. Fehler zu machen ist eine gute SACHE. Ich wachs mit meinen Aufgaben und werde groß und stark wie ein DRACHE.

03.01.16

Hallo Lyrikbuch,

habe bis jetzt in mein Leben voll VERSAGT. Habe mich selbst nach den Gründen GEFRAGT,
habe dennoch nie VERZAGT. Bin immer Mutig, Tapfer und Zuversichtlich GEBLIEBEN. Hab

mich nie eingelassen auf
INTRIGEN. Bin immer den
geraden Weg GEGANGEN.
Falls ich mich
verloren hatte, habe ich mich
wieder GEFANGEN. Hab mich
nie eingelassen auf falsche
SCHLANGEN.
06.01.16
Hi Lyrikbuch,
ich geh ins Fitness Studio und
werde mein Körper FORMEN.
Denn ich habe gute Gene und
bin
gesund GEBOREN. Ich weiß,
alles ist mit allem
VERBUNDEN. Ich laufe weiter
und drehe meine
RUNDEN. Es ist wieder Zeit
meine Gefühle nieder zu
SCHREIBEN. Ich werde es laut
raus
brüllen und nicht mehr
SCHWEIGEN. Es blüht neues

Glück, Hoffnung und FRIEDEN. Werde
erfolgreich sein und meine
Zukunft SCHMIEDEN. Die
Dichtkunst ist meine ZUNFT.
Ich frage
mich wie weit komm ich mit
meiner Liebe und meiner
VERNUNFT. Stolz und Ehre
Zoll ich
hiermit meiner HERKUNFT. Es
wird Zeit das dieser Junge hier
wieder seine Feder ZÜCKT.
Und
das Publikum mit seinen
Reimen BEGLÜCKT. Wie weit
werde ich kommen, wie weit
werde ich
GEHEN, werde ich es bis zu
meinen Zielen ÜBERSTEHEN.

23.02.16

Hi Lyrikbuch,

so mein Freund du bist mein neues Lyrik BUCH. Dieses Leben was ich führe ist wie ein verdammter FLUCH. Bin ewig verdammt zu VERSAGEN. Kopf hoch Junge nur nicht VERZAGEN. Für jede Antworten hab ich die richtigen FRAGEN. Will Kampfsport ausüben und
mich SCHLAGEN. Ich will im Leben die Rolle spielen die mir ZUSTEHT. Das Leben zieht an mir
vorbei und die Zeit VERGEHT. Für manche bin ich ein Feind BILD. Meine Leben ist abenteuerlich und WILD. Ich schwing die Feder über das BLATT. Mein Herz ist aus Eis und ist
sehr GLATT. Meine Stimmung ist eintönig einfach nur MONOTON. Ich sitz gelangweilt auf mein

THRON. Am liebsten würde ich eine Familie gründen mit Frau, Tochter und SOHN.

24.02.16

Liebes Lyrikbuch,

hör zu wenn ich SAGE, ich fühl mich wie eine PLAGE. Ob ich weiter mache, das steht außer FRAGE. Will mich menschlich EVOLUTIONIEREN. Mich menschlich entfalten und richtig FUNKTIONIEREN. Trage im Herzen tiefe KERBEN, greife nach den STERNEN. Will in ein sonniges Land, mich einfach nur ENTFERNEN. Mein restliches Leben am Strand VERBRINGEN. Arbeiten und mich zu nichts mehr ZWINGEN. Ab und zu mit meinen Kindern

RINGEN, DICHTEN und meine Reime über das ganze Land SINGEN.

12.03.16

Hi Lyrikbuch,

es schmerzt allein zu SEIN. Deswegen schreib ich diese ZEILEN. Das was mich rettet ist das SCHREIBEN. Am liebsten würde ich laut los SCHREIEN. Bin Berichterstatter meines LEBENS. Suche nach Frieden und Liebe doch meine Suche ist VERGEBENS. Was ich gefunden habe ist Elend und QUAL. Deswegen lauf ich durch Berg und TAL, um nach Antworten zu FINDEN, am liebsten würde ich an einen besseren Ort VERSCHWINDEN. Mein Wille ist gebrochen, mein Herz zerrissen, meine Liebe TOT. Und so langsam kentert auch mein BOOT. Ich sehne mich nach dem TOD. Den mein Leben ist UNERTRÄGLICH. Hab versucht mein Glück zu schmieden, doch ich bin gescheitert und zwar KLÄGLICH. Früher war ich aufgeschlossen und strotzte vor GLÜCK. Erfolge zu verbuchen das ist mir MISSGLÜCKT. Einer der fleißigsten Zunft ist der BAUER. Ich werde mein Leben besiegen den ich bin SCHLAUER.

13.03.16

Hi Lyrikbuch,

es wird ZEIT, das dieser Junge
hier wieder seine Gefühle
nieder SCHREIBT. Habe die
Negation
SATT. Deswegen setz ich
meine Feinde Schach MATT.
Will wieder glücklich sein und
mein
Leben BESCHREITEN.
Deswegen schreib ich ganze
SEITEN. Manche sind leer und
ohne
SINN. Sie sind Tod im
INNEREN. Das was ich
brauche ist INSPIRATION,
gegen das Schlechte,
Pech und Trauer eine
KOMPENSATION. Meine Leere
zerfrisst mich von INNEN.
Manchmal fühl
ich mich von SINNEN. Geistige
leere beschreibt meine LAGE,
dennoch bin ich standhaft das

steht außer FRAGE.

14.03.16

Hallo Lyrikbuch,

ich bin ein glücklicher fröhlicher
IDIOT. Deswegen ist bei mir
alles im LOT. Ich Segel auf
mein
BOOT. Gebe Warnsignale wie
die Farbe ROT. Habe mich für
das Leben entschieden und
nicht
für den TOD. Es fühlt sich gut
an der zu sein der man IST.
Was andere über mich denken
und sagen das ist meistens eh
nur MIST. Das Wetter ist zurzeit
TRIST. Habe meine
Jugendliebe
VERMISST. Bin ein kühner
Kämpfer und RECKE. Egal was
ich mache ich bleib niemals auf
der

STRECKE. Ich habe gesiegt in allen LEBENSLAGEN. Es gibt für mich keine offenen FRAGEN.
Es lohnt sich nicht zu KLAGEN. Werde lieber auf den Box Sack SCHLAGEN. Edelmütig, Selbstlos und Vornehm schlag ich mich DURCH. Denn ich kenne keine FURCHT.

15.03.16

Liebes Lyrikbuch,

manchmal berichten meine Reime von Trauer und MISSGUNST. Meine Buhle ist die DICHTKUNST. Geh in DECKUNG bevor meine Reim Munition auch dich BUMBST. Schreibe meine ZEILEN und werde mich mit Glück und Begeisterung

HEILEN und weiter an meinen Reimen PFEILEN. Meine Erfahrung mit Liebe, sie ist KAPRIZÖS. Meine Zeile ist für jedermann
DELIZIÖS. Bin wie die Liebe launenhaft und EIGENWILLIG. Will das teuerste vom teuersten denn ich bin Edel und nicht BILLIG, bin relaxed und CHILLIG. Habe Neigung meinen eigenen
Willen zu FOLGEN, bin voller Launen und wechselnder STIMMUNGEN. Habe soeben meine
Reime GESUNGEN. Im Moment bin ich ruhig und GELASSEN. Bin Besonnen und werde
niemanden HASSEN. Es sind Tage, die in mein Herz die Sonne SCHEINT. Harmonie und

Balance das hab ich GEMEINT.
Will lebhaft begeistern, das ist
mein ZIEL, von reimen hab ich
ziemlich VIEL. So oft gefallen
und wieder auferstanden aus
RUINEN. Mach mein Leben
wertvoll
als wäre es RUBINEN.

18.03.16

Hallo Lyrikbuch,

das was ich übe ist das kreative
SCHREIBEN. Bin glücklich und
will nie wieder LEIDEN. Ich
mach meine Arbeit mit Liebe
und VERNUNFT. Baue meine
Existenz auf und sorge mich
um
meine ZUKUNFT. Die Dichterei
ist meine ZUNFT. Und Tokat
meine HERKUNFT. Ich bin wie
die

Liebe und Natur kapriziös und UNBERECHENBAR. Morgen wird ein guter Tag und ich fühl mich WUNDERBAR. Bin begabt und kann mich AUSDRÜCKEN. Reiße Mauern ein und baue Kommunikations BRÜCKEN. Für Feinde werde ich mein Stift als Waffe ZÜCKEN und ABDRÜCKEN. Im Sommer werde ich Erdbeeren PFLÜCKEN und eß Kuchen in ganzen STÜCKEN. Die Tinte der Liebe benütz ich zum SCHREIBEN und werde mich in jeder Hinsicht damit HEILEN.
20.03.16
Hallo Lyrikbuch,
schön dass du für mich immer eine leere Seite HAST. Leite Informationen und Energie wie ein MAST. Will mich persönlich entfalten mit mein innersten,

was ich anzubieten HABE. Bin ein Heldenhafter Krieger wie in seiner SAGE. Ich sage es laut, ich sehne mich nach INSPIRATION.
Versorge die Leute mit lyrischer INFORMATION. Freude, Glück, Harmonie, Frieden und Liebe strömen in MIR. Ich lebe gerne im Jetzt und HIER. Wenn ich mich fehlerhaft verhalte werde ich mich ENTSCHULDIGEN. Werde mich der Liebe meines Lebens HULDIGEN und suche niemals nach einen SCHULDIGEN. Habe ein sauberen, Körper, Psyche und GEIST, bin ein gescheiter und leicht DREIST.

25.03.16

Hallo Lyrikbuch,

Mimik zu lesen find ich gar nicht SCHWER. Bin ein Reim Soldat, ausgerüstet wie ein ganzes KRIEGERHERR. Ich schreib eine SCHLAG ZEILE. Morgen steht es in der Bild Zeitung als SCHLAGZEILE. Schreibe Gedichte und ODEN, ramm Gegner zu BODEN. Werd immer besser
in dem was ich MACHE. Das dichten ist eindeutig meine SACHE. Spuck Feuer wie ein DRACHE. Schau aus dem Fenster und sehe viele BÄUME. Dieser Junge hier gibt nie auf, denn
er hat große TRÄUME. Es ist, wie es ist keiner kann mir den Mund VERBIETEN. Eins ist klar mit
meinem Talent, kann ich einiges BIETEN.

28.03.16

Hallo Lyrikbuch,

du bist der Spiegel meiner SEELE, reime das Wort aus meiner KEHLE. Habe mit diesen Zeilen an meiner Zukunft GEBAUT. Habe es gewagt und habe mich GETRAUT. Werde zuversichtlich in meine Zukunft SCHAUEN. Werde weiterhin an meiner Persönlichkeit BAUEN. Mein Wesen zu stärken ist für mich sehr WICHTIG. Meine Priorität, ist

mein Leben, alles andere ist für mich
zurzeit NICHTIG. Bin präsent und lebe in der GEGENWART.
Manchmal ist das Leben schön und manchmal HART. Trotz alldem habe ich Ehrfurcht und HOCHACHTUNG. Zeige meiner
Umwelt die nötige BEACHTUNG. Es macht mir Spaß an mein Talent zu ARBEITEN, dich durchzulesen und mein Leben zu VERARBEITEN. Mein inneres ist sauber und AUFGERÄUMT.
Bin der, der ich sein wollte, davon habe ich GETRÄUMT.
Das Schreiben hilft mir mich zu entwickeln mein FREUND.

30.03.16

Hi Lyrikbuch,

kämpf mich durch, bis zu mein ZIELEN. Bin außergewöhnlich und nicht einer von VIELEN. Es tut weh nicht geliebt zu WERDEN. Suche Liebe und Frieden doch finde sie leider nicht auf ERDEN. Wird Geld mich Glücklich MACHEN. Werde ich mein Lächeln finden und wieder anfangen zu LACHEN. Früher, mit Skateboard auf der Straße GEROLLT. Habe immer nur das gute GEWOLLT. Lieg hier im Bett und schreibe meine ZEILEN. Und denk mir der Tod wird früh genug EILEN. Mein Tank ist auf RESERVE. Trage Liebe im Herzen bis ich STERBE. Bin erlöst von mein LEIDEN, werde Schlechte Menschen lieber MEIDEN. Oft war ich Krank und

NIEDERSCHLAGEN. Zu jeder Antwort kommen neue FRAGEN.

08.04.16

Hi Lyrikbuch,

die Tage vergehen ohne was zu ERLEBEN. Die Zeit schwindet dahin, sie wird schnell VERGEHEN. Liebe in mir? Davon sehe ich kein FUNKEN. Trinke Alkohol und werde BETRUNKEN. Hoffe ich werde nie wieder NÜCHTERN, bin ein Spieler und nicht SCHÜCHTERN. Im Sommer geh ich gerne BADEN und werde meine Freunde zum Grillen EINLADEN. Ich habe versagt, in allen LEBENSBEREICHEN.

Das Versagen will ich in meinem
Leben DURCHSTREICHEN.
Wer weiß vielleicht gehöre ich
bald zu den REICHEN. Will definitiv
in mein Leben was
ERREICHEN. Das Potenzial in
mir will sich ENTFALTEN.
Werde weiterhin
an mein Talent fest HALTEN.
Ich gebe niemand an mein
Versagen die SCHULD. Denk mir ruhig
Blut du brauchst nur etwas
GEDULD. Will für jeden der es
verdient die Gnade, Gunst und
Wohlwollen die HULD. Hiermit
werde ich mich
ENTSCHULDIGEN. Und vor
der Liebe meines Lebens mich
HULDIGEN. Ich weiß genau ich
gehöre zu den GEDULDIGEN.
Je älter ich werde,

desto mehr hab ich FREUDE. Brauche um mich Erfolgreiche LEUTE. Die Welt ist schön und ich
habe ein LEBENSZWECK. Fühl mich innerlich Sauber und ohne DRECK. Aus meinem ursprünglichen Charakter hab ich mich ENTFERNT. Hab mich erneuert mit einem anderen WERT. Bin was ganz anderes GEWORDEN. Fühl mich in mir GEBORGEN.

12.04.16

Hi Lyrikbuch,

Pein und Leid durchströmen mein GEIST. Ich reiß mich zusammen bevor mein Leben ZERREIßT. Das Pech klebt an meinen SCHUHEN. Kann nicht mal in Frieden RUHEN. Bin

dauernd im Krieg MODUS. Am
liebsten würde ich reisen und
zwar den ganzen GLOBUS.
Leid,
Schmerz, Krieg und Qual ist
meine Lebens KONSISTENZ.
Versagen, Pech und Misserfolg
besteht meine EXISTENZ. Die
Sorgen die ich trage wiegen
eine TONNE. Ich frage mich,
wann
scheint in mein Leben die
SONNE. Bin ein Alfa Tier und
der höchste im RANG. Hab
einen
starken ÜBERLEBENSDRANG.
Mein Überlebens- und
Arbeitswille ist AKTIVIERT.
Brauche
unbedingt Liebe bevor mein
Herz EINGEFRIERT.

19.04.16

Hallo Lyrikbuch,

du hörst mir zu wenn ich was
SAGE. Und stellst mir keine
dumme FRAGE. Mit dem
Rauchen
hab ich Schluss GEMACHT.
Hab mein Lachen wieder
ENTFACHT. Das wäre doch
GELACHT.
Fühl mich gut stabil und
SICHER. Bin ein wahrhaftiger
Lyriker und DICHTER. Mein
Leben geht
Berg auf wie eine Aktie die
STEIGT. Mein Pech hat sich zu
Ende GENEIGT. Ich schreibe
über
Schmetterlinge, blauer Himmel
und SONNE. Und bin voller
WONNE. Bin in tiefer
Glückseligkeit
und VERGNÜGEN. Verdien
mein Geld ehrlich und werde
nicht BETRÜGEN. Bin
manchmal

ausgelaugt, dennoch kämpf ich WEITER. Bin manchmal voller Krisen und Trauer, aber dennoch
bin ich HEITER. Mein Körper ist der Tempel meines GEISTES. Die Gedanken sind frei HEIßT ES. Doch die Gedankenfreiheit hört da auf wo sie bei einem anderen BEGINNT. Das ist eine Wahrheit die auf jeden Fall STIMMT. Denn wenn das Denken grenzen hat, ist es viel leichter zu
STOPPEN. Man kann präsent sein und die Gegenwart ROCKEN.
Hohl und Leer
Fühl mich wertlos wie ein unbeschriebenes BUCH. Es lastet auf mich, ein schwerer FLUCH. Werde das Schlechte in mir bekämpfen und ENTWURZELN. Werde meine neue Realität zusammen

PUZZELN. Auf meinen steinigen Pfad werde ich die Hürden ÜBERNEHMEN. Manchmal lach ich und manchmal fließen TRÄNEN. Fühl mich hohl und LEER, das schreiben liebe ich SEHR, deswegen fällt es mir nicht SCHWER. Bin mein eigener Gebieter und HERR.

Mein Geist ist in Ketten meine Seele gefangen. So langsam muss ich um meine Zukunft BANGEN. Bin ein Schreiber kann was mit mir ANFANGEN. Ich höre wie die Vögel zwitschern, es hört sich an wie SINGEN. Ewige Trauer fließt durch meine Ader. Würde am liebsten weg fliegen wie ein Adler. Das Leben ist Klischee alles routiniert. Die Menschen haben sich vor dem Leben GENIERT. Sie fühlen sich unsicher und sind GEHEMMT.

Heute geh ich raus und trage mein neues HEMD. Aber dennoch bleib ich kontinuierlich und KONSTANT. Lass meine Sorgen weg fliegen am STRAND. Meine Reime sind lebhaft BEGEISTERT, dieser Junge hat wieder mal sein Text GEMEISTERT.

Vers 1

Die Liebe kämpft nach der Verbundenheit, Vereinigung, Zusammenhalt, Zusammenschluss und Einigkeit des Menschen.

Meine fünf zusammen gebundenen Stöcke, zwei zusammen gebundenen Stöcke und ein Einzelstock symbolisiert mein Dichter Vers.

Vers 2

Aus einem Feld voller Primitivität, Ignoranz, Dummheit, Blödheit, Schwäche wird Entwicklung, Erkenntnis, Intelligenz, Weisheit und Stärke entstehen.

Vers 3

Es ist gang und gebe das sich glücklich ineinander verliebte und liebende Paare, zufrieden in Liebeseligkeit leben.

Vers 4

Die Zeit ist vergangen und alles wurde verstanden.

Vers 5

Aus dem Alten, entspringt das Neue.

Gedicht über Allgäu

Deine Weiden, deine Kühe und
deine Berge scheinen im
Untergang der Sonne magisch
wie Juvelen.
Wir haben Brot, Käse und Bier
und du lässt uns an nichts
fehlen.

Deine Orte sind gemütlich und
gut zum Erholen wie im Urlaub.
Kurorte, Bauernhöfe und Bäder
gibt es zu genüge. Hier ist jeder
willkommen und hier zu leben
ist ein wahres Vergnügen.

Halte dich an Gebräuche, Sitten und Traditionen und du kannst dich im jeden Ort dieser Region fügen.

Die letzte Zeile widme ich deiner berühmten Kultur. Du hast eine vielfältige Küche, Tänze und Gesang und deine Atmosphäre bereitet uns einen romantischen Klang.

Tribut an Sieg 6 und Begeistert 0

Blödheit und Weisheit

An der Blödheit orientieren wir uns, wie weit fortgeschritten wir sind. Sie hält uns selbstkritisch, bodenständig und wie ein Kind. Wir finden sie lustig, amüsant und sehr erfreulich. Durch sie wirken wir harmlos und freundlich.

Die Blödheit und Weisheit gehören zusammen. Sie gleichen sich aneinander an und wirken wie lodernde Flammen. Auch wenn sie so verschieden und weit weg voneinander sind, sind sie dennoch beisammen.

Die Weisheit ist ein Heilmittel, an dem wir uns vernormalisieren. Sie lässt uns Zusammenhänge einsehen und wird uns fortlaufend inspirieren. Durch den glauben an die Weisheit schöpfen wir neuen Mut, Hoffnung, Vertrauen, Stärke und Kraft. Sowohl in guten als auch in schlechten Zeiten, ist es unser Lebenssaft.

Das Schöne an den beiden, sie Zaubern ein Lächeln in unser Gesicht. Sie sind angeglichen und gerecht verteilt ist das Gerechtigkeitsgewicht. Deswegen zoll ich tiefen Respekt an den beiden und beende nun hiermit mein Gedicht.

Freiheit

Du genießt Bewegungsfreiheit in all seinen FACETTEN.
Doch manchmal fühlst du dich als wäre deine Seele in KETTEN.
Deine Gedanken sind FREI.
Sich sein Leben so vorzustellen wie du es gerne hättest ist wie Magie und ZAUBEREI.

Die Liebe zur Freiheit lässt uns
weiter HOFFEN.
Also bleib fröhlich und
BESONNEN.
Du gehst als Siegerin aus dem
Schlachtfeld den du hast die
richtige Haltung und hast
somit GEWONNEN.

Manchmal kannst du nicht mehr
und fühlst dich in Negativität
GEFANGEN.
Der Glaube wird dich beflügeln
und dir raus helfen aus den
FÄNGEN.
Freiheit ist ein hoher WERT,
verdiene es dir sei eine
Kriegerin und kämpfe mit dem
SCHWERT. Ich weiß egal wo
du bist dein innerer hoher Wert
bleiben UNVERSEHRT.
Freiheit ist eine innere Qualität
vom LEBEN. Dieses Leben ist
voller SEGEN. Also tue

deinen Feinden VERGEBEN.
Alles ist mit allem
VERBUNDEN. Ich weiß du bist
in Frieden
mit dir selbst und hast dein
Glück GEFUNDEN.

Liebe im Herzen und dort bleibt
sie ein Leben LANG.
Die Luft die du atmest den
Himmel den du siehst, das ist
FREIHEITSKLANG.

Deine Sinne sind frei, doch
vergiss nicht dein inneres Auge,
deine FANTASIE. Sie bringt
dich dort hin wo du willst und
bringt in dein Leben die nötige
Prise MAGIE.

Gesundheit

Gesundheit ist ein hohes GUT.

Deswegen zieh ich vor den Ärzten mein HUT.
Denn sie können die Kranken HEILEN.
Und ihr Glück mit den geheilten TEILEN.

Wer Gesund ist kann sich FREUEN.
Und wird sich vor keiner Arbeit SCHEUEN.
Gesundheit trägt zum Glück dazu.
Gesundheit ist ein hoher Wert, deswegen achte sie als wäre es ein Smaragd.

Ich bin inspiriert von den Behinderten und KRANKEN.
Denn trotz ihres Handicaps können sie Sport treiben, arbeiten und überwinden ihre SCHRANKEN. Allein das motiviert mich wieder Lebenswille zu TANKEN.

Das Ziel der Kranken ist immer Gesund zu SEIN. Mit dem Glauben schöpft man Hoffnung und innerlich Schmutz wird wieder REIN. Mit Zuversicht und Mut kann man alles ÜBERWINDEN und schon bald werden alle Sorgen VERSCHWINDEN.

Text: Coskun Behzat Baykal
Melodie: Coskun Behzat Baykal

Meine Nationalhymne (Ode) an meinen aufgezeichneten Staat, das Herrscherland

Oh du mein Herrscherland

Oh du mein Herrscherland
In dir wächst jede SAAT.
Wir werden den Samen nur
SÄEN
Und nach einiger Zeit werden
wir die Früchte SEHEN.

Oh du mein Herrscherland
Du bist Freiheitsliebend gerecht
und STARK
Du hilfst wo du KANNST
Und siehst zu wie dein Volk vor
Freude TANZT.

Oh du mein Herrscherland
Deine Farben sind Schwarz
und Weiß, das Glück ist dir
Hold, denn dein Wert ist die
Weisheit. Wir streben
gemeinsam nach Liebe und
VERNUNFT.
Du behandelst alle gleich egal
welche Hautfarbe oder
HERKUNFT

In dir können alle seine Chance
FINDEN
Egal ob jemand in der Sozialen
Schicht vorne steht oder
HINTEN.

Oh du mein Herrscherland
Die Frage ob wir dich lieben soll
keine Frage SEIN
Bringst uns wärme in unsere
Herzen wie der
SONNENSCHEIN
Die letzten Worte, wir lieben
dich und so soll es für immer
SEIN.

Der Mensch ein abhängiges Wesen

Der Mensch wird geboren und ist abhängig von seiner MUTTER.
Um überleben zu können bekommt das Kind FUTTER.
Es wächst auf und wird zum Kind. Das kostbarste für das Kind ist das SPIELEN. Es reift zu einer Person, einer von VIELEN.
Abhängig von Wasser, Feuer, Erde und LUFT.
Von Abhängigkeit und Unabhängigkeit trennt den Menschen eine riesen KLUFT.

Der Mensch ist sein ganzes Leben abhängig von Liebe, Beziehung, Trinken und ESSEN. Um unabhängig zu werden, wird er sich mit all möglichen Dingen MESSEN. Er möchte sich ein Namen machen, um ihn nicht zu VERGESSEN.

Der Mensch ist abhängig geboren und wird abhängig STERBEN. Und wird sein ganzes Hab und Gut sein Liebsten VERERBEN. Der Mensch strebt nach Unabhängigkeit, das ist WICHTIG, den Unabhängigkeit bedeutet Entwicklung, dann ist der Weg RICHTIG.

Natur

Die innere Qualität der Natur ist die Freiheit.

Meine Erfahrung mit der Natur,
sie ist wie die Liebe und zwar
KAPRIZIÖS. Sie ist eigenwillig
und für jedermann DELIZIÖS.
Der höchste Instinkt der Natur
ist sich selbst zu ERHALTEN.
Sie kann kreativ sein und sich
selbst GESTALTEN.

Wir sind alle ein Teil der
NATUR.
Wir sind gebunden an sie wie
eine Nabel SCHNURR.
Ihr Schönheit und Reinheit ist
natürlich und PUR.

Sie lässt uns am Leben und hilft
zum ÜBERLEBEN.
Bevor wir der Natur Schaden,
sollten wir gründlich
ÜBERLEGEN.
Denn sie ist für unser Leben ein
wahrhaftiges SEGEN.

Wir kommen von der Natur, sind aus der Natur und werden wieder zur Natur zurück KEHREN. Deswegen sollten wir sie auch entsprechend EHREN. Sie häufig aufsuchen, in Verbindung stehen und mit ihr VERKEHREN.

Liebe

Die Liebe motiviert uns weiter zu MACHEN.
Die Liebe motiviert uns trotz Krisen und Lebensschmerzen besonnen in die Zukunft zu blicken und zu LACHEN.
Durch Liebe motiviert zu handeln, ist immer KONSTRUKTIV und eine gute SACHE. Durch Hass motiviert

zu handeln ist DESTRUKTIV
und verleitet zur Rache.

Oh du meine Liebe du bist
wertvoll wie RUBINEN.
Lässt uns wieder auferstehen
von Leid und RUINEN.
Hast uns kraft gegeben zu
überstehen und hast uns Macht
VERLIEHEN.

Durch die Liebe lassen sich die
Menschen verbinden und
VEREINIGEN.
Durch Liebe lässt sich die
Seele heilen und REINIGEN.
Durch die Liebe werden wir
unsere Ziele ERREICHEN.
Durch die Liebe werden wir
zerstörerischen Krieg und
negativen Hass aus unseren
Leben STREICHEN.

In tiefer Hochachtung und
Ehrfurcht schreibe ich über die

LIEBE. Sie lässt uns kultivieren und wir beherrschen unsere TRIEBE. Sie lässt uns jede Schranke ÜBERWINDEN. Sie lässt uns selbst wieder FINDEN.

Text: Coskun Behzat Baykal
Melodie: Coskun Behzat Baykal

Welthymne, Hymne der Welt

Weltanschauung

Die Welt ist bunt voller
Abenteuer und FASZINATION.
Sie liefert uns Erkenntnisse und
INFORMATION.
Sie ist eine wundervolle
KREATION.
Wenn wir sie anschauen sind
wir voller INSPIRATION.
Es geht weiter mit der
EVOLUTION.

Die Welt schenkt uns alles was
wir zum Leben BRAUCHEN.
Wir erforschen sie und können
sogar in die Tiefen der Ozeane

TAUCHEN. Die Luft wird uns beleben und uns ins Gesicht HAUCHEN.

Der Mensch ist Einwohner dieser ERDE.
Heute fahren sie mit Autos, damals ritten sie auf PFERDE.
Der Fortschritt ist nicht AUFZUHALTEN.
Wir sollten versuchen die Erde Aufrecht zu ERHALTEN.

Die Zukunft des Planeten liegt in unseren HÄNDEN.
Deswegen sollten wir Frieden schließen und den Krieg BEENDEN.
Die Welt aufbauen, menschlich und vernünftig LEBEN.
Den dieses Leben ist einzigartig und ein SEGEN.

Die Kinder sind die Option unserer ZUKUNFT.

Was die Welt braucht sind
Anführer mit Liebe und
VERNUNFT.
Lasst uns Feiern und uns
BEGEISTERN.
Stoßen wir an, denn wir werden
die Probleme der Welt
MEISTERN.

Triubut an Maria Magdalena
und Jesus Christus

Universum Hymne

Schatten und Licht

Unser Universum wäre dunkel ohne das LICHT. Wir reisen durch das Leben und irgendwann ist Land in SICHT. Doch ohne Schatten würde es kein Licht geben. Deswegen an den Schatten und das LICHT ein GEDICHT.

Das Licht bringt uns Wärme, Sicherheit und GEBORGENHEIT. Wir sehnen uns nach einem Leben voller Sorgen FREIHEIT. Der Bedarf des Menschen ist noch lange nicht gedeckt. Doch es ist wichtig zu WISSEN was wir BESITZEN. Um uns selbst zu formen und zu SCHNITZEN.

Führe ein friedvolles LEBEN. Eins ist sicher wir sollten für

unser Seelenheil mit unseren
Feinden frieden Schließen und
uns gegenseitig VERGEBEN.
Liebe statt Hass in unseren
Herz HEGEN und unser
soziales Leben PFLEGEN.

In dem Licht verbirgt sich
ENERGIE, es ist so hell wie
reines CHI.
Aus dem Schatten an das Licht
zu kommen ist eine Kunst, die
du beherrschen SOLLTEST,
denn das ist die Formel des
ERFOLGES. Durch das
Arbeiten wirst du dich selbst
ERHELLEN. An das Ziel
kommen nur die Stärksten und
die SCHNELLEN.

Hiermit danke ich dem Schatten
und dem Licht. Denn durch sie
wird uns warm und KALT und
ich hoffe wir erreichen unsere
Ziele BALD.

Musik

Musik ist ein Medium das Poesie und Stimmungen vermittelt. Es ist ein Mittel dessen Ziel es ist das Publikum zu BEGEISTERN. Durch den Geist der Musik konnten viele Künstler ihr Leben erfolgreich MEISTERN.

Musik ist wie das Blut das
durch deine Ader fließt und dich
belebt. Es strebt danach sich
durch Melodien und Gesänge
zu ENTFALTEN und dich zu
UNTERHALTEN.

Diese MAGIE die sich Musik
nennt erregt deine FANTASIE.
Es erflammt deine Leidenschaft
zu tanzen und zu SINGEN.
Deswegen lass ich meine
Feder über das Blatt
SCHWINGEN und diese Reime
rhythmisch ERKLINGEN.

Es beflügelt unseren Geist und
lässt uns neue Kraft schöpfen.
Inspiriert uns neue Dinge
ANZUGEHEN und die Welt
voller Hoffnung ANZUSEHEN.
Das Sprichwort von Nitsche
„Ohne Musik wäre das Leben
ein Irrtum" stimmt in jeglicher

RICHTUNG. Die DICHTUNG erfüllt die Melodie mit SINN und wir sind in Emotionen DRIN.

Musik hat viele Elemente und kann sich wie Wasser in viele Formen VERWANDELN. In jeder Lebenslage können wir unsere Situation neu einschätzen und VERHANDELN. Die letzte Zeile widme ich der Klassik. Mit Höhen und Tiefen schult sie unser Gehör für das Wesentliche lässt uns aufstehen aus RUINEN und macht uns Kristallklar wie RUBINEN.

Das Leid ein Teil meines Wesens

Mein Wesen ist zufrieden,
glücklich und strebt nach
FREIHEIT.
Mein Wesen hat viele Seiten,
eins ist das LEID.
Die größte Pein die ich trage ist
der Schmerz die mir das Leben
ANFÜGT.
Zu leben heißt auch Qualen zu
erleiden, traurig zu sein und
BETRÜBT.

Du mein Leid hast mich
GEPRÄGT und auf meinen
Weg hab ich vieles mit dir
ERLEBT. Der freie Wille ist ein
hohes GUT, verzage nicht sei
tapfer geh dein Weg und habe
MUT.

Mein Wesen ist lebhaft und
BEGEISTERT. Trage das
Wesen eines Liebenden und du
hast dein Leben GEMEISTERT.

Der Tod ist sicher, soviel steht
FEST. Aber bevor du dein Löffel
abgibst, feiere ein großes
FEST. Höre auf deine innere
Stimme und nicht auf den
REST.

Wir schaffen leidenschaftlich
leid. Bis die Liebe obsiegt, denn
Liebe ist ein starkes Gefühl.
Denn dann werden wir vereinigt

ein Fest feiern und Freude
SCHAFFEN. Bis das erreicht ist
müssen wir noch viel arbeiten
und viel SCHAFFEN.

Liebesbrief

Dein Pech wird sich zu Ende
NEIGEN.
Dein Leben wir Bergauf gehen
wie Aktien die STEIGEN.
Wenn ich an dich denke
erscheint bei mir innerlich die
SONNE. Bin Vergnügt in
Glückseligkeit und voller
WONNE.

Habe so oft an dich GEDACHT.
Du hast mich immer zum
Lachen GEBRACHT.

Wenn ich könnte würde ich die Zeit zurück DREHEN.
Wenn ich könnte würde ich dich jeden früh in mein Bett neben mir SEHEN.

Dein Körper ist der Tempel deines GEISTES.
Die Gedanken sind frei HEIßt ES.
Doch die Gedankenfreiheit hört da auf wo sie bei einem anderen BEGINNT.
Das ist eine Wahrheit die auf jeden Fall STIMMT.

Die Tinte der Liebe benütz ich zum SCHREIBEN.
Ich liebe dich werde ich in die Welt hinaus SCHREIEN.
Pures Glück durchströmt mich wenn ich an dich DENKE.
In meinem Leben wünsch ich mir nur noch dich und verzichte

auf jegliche andere
GESCHENKE.

Mit besten Dank

Coskun Behzat Baykal

Herstellung und Verlag: BoD – Books on
Demand, Norderstedt
ISBN: 9783755776871